Die schönsten Gedichte von Ludwig Tieck

DONATUS

Tiecks Gedichte sind heute weitgehend unbekannt, obwohl sie vor allem im 19. Jahrhundert mehrfach vertont wurden, u. a. von Carl Maria von Weber oder Felix Mendelssohn Bartholdy. Der Dichter gab seine gesammelten Gedichte 1821 bis 1823 in drei Bänden bei dem Dresdner Verleger Hilscher heraus. In seiner Sammlung sind auch Gedichtzyklen enthalten, beispielsweise die „Reisegedichte eines Kranken" oder „Gedichte über die Musik".

Anlässlich seines 250. Geburtstages wurden einige der schönsten Gedichte von Ludwig Tieck ausgewählt und zusammengetragen. Die ursprüngliche Rechtschreibung wurde beibehalten.

Bibliografische Information der Deutschen Nationalbibliothek:
Die Deutsche Nationalbibliothek verzeichnet diese Publikation in der Deutschen Nationalbibliografie; detaillierte bibliografische Daten sind im Internet über www.dnb.de abrufbar.

Impressum

© 2023 Donatus-Verlag

Herausgeber: Romy Petrick
Abbildungen: Archiv Donatus-Verlag
Cover: Luise Duttenhofer: Ludwig Tieck, sitzend und lesend, schwarzer Scherenschnitt, um 1817, Marbach, Deutsches Literaturarchiv, wikimedia
Gestaltung: spitzenton.design
Verlag: Donatus-Verlag, Niederjahna
Herstellung: Books on demand, BOD Norderstedt
ISBN: 978–3–946710–59–2

Inhaltsverzeichnis

Gruß

Als die Rosen lieblich lachten
Und die Sommerlauben blühten,
Purpurn die Granaten glühten,
Deine Augen hold erwachten;
Alles sprach nur Liebesschmachten,
Es verkündete die süssen
Träume Nachtigallengrüßen,
Und dein Blick, dein Ton ward Wonne,
Lebe dann der Liebessonne,
Weihe diesen Tag mit Küssen.

Die Liebende

Bald hier, bald dort
Von Ort zu Ort,
Springt Amor und sieht mich schweigend an.
Was willst du Kind?
O sage geschwind,
Wo weit der liebe, erwünschte Mann?

Wie Schattenzüge,
Wie Wolkenflüge,
Ist wandelbar traurig und froh mein Sinn:
Es tönt herüber,
O rufst du, Lieber? –
Ich sehne mich fort, weiß nicht wohin. –

An einen Liebenden im Frühling 1814

Wonne glänzt von allen Zweigen,
Muthig regt sich jedes Reiß,
Blumenkränz' aus Bäumen steigen,
Purpurroth und silberweiß.

Und bewegt wie Harfensaiten
Ist die Welt ein Jubelklang,
Durch der Welten Dunkelheiten
Tönt der Nachtigall Gesang.

Warum leuchten so die Felder?
Nie hab' ich dies Grün gesehn:
Lustgesang dringt durch die Wälder,
Rauschend wie ein Sturmeswehn.

Sieg und Freiheit blühn die Bäume,
Heil dir Vaterland! erschallt
Jubelnd durch die grünen Räume,
Freiheit! braust der Eichenwald.

Hoch beglückt, ja hoch gesegnet,
Wem in diesem Lustgefild
Liebesglück noch hold begegnet,
Und die letzte Sehnsucht stillt.

Frühe Sorge

Durch die bunten Rosenhecken
Flattern Schmetterlinge hin,
Muntre Lerchentöne wecken
Schon die Tageskönigin.

Immer wach sind meine Sorgen,
Nimmer ruht dies treue Herz,
Und ein jeder rothe Morgen
Findet meinen regen Schmerz.

Wollt ihr mich der Qual entbinden?
Hört ihr, Götter, mein Gebet?
Kann ich nie die Ruhe finden,
Die mein Herz von euch erfleht?

Herbstlied

Feldeinwärts flog ein Vögelein,
Und sang im muntern Sonnenschein
Mit süßem wunderbarem Ton:
Ade! ich fliege nun davon,
Weit! weit!
Reis' ich noch heut.

Ich horchte auf den Feldgesang,
Mir ward so wohl und doch so bang;
Mit frohem Schmerz, mit trüber Lust
Stieg wechselnd bald und sank die Brust:
Herz! Herz!
Brichst du vor Wonn' oder Schmerz?

Doch als ich Blätter fallen sah,
Da sagt ich: Ach! der Herbst ist da,
Der Sommergast, die Schwalbe, zieht,
Vielleicht so Lieb und Sehnsucht flieht,
Weit! weit!
Rasch mit der Zeit.

Doch rückwärts kam der Sonnenschein,
Dicht zu mir drauf das Vögelein,
Es sah mein thränend Angesicht
Und sang: die Liebe wintert nicht,
Nein! nein!
Ist und bleibt Frühlingesschein.

Kunst und Liebe

In der Ferne geht die Liebe
Ungekannt durch Nacht und Schatten;
Ach! wozu, daß ich hier bliebe
Auf den vaterländschen Matten?

Wie mit süßen Flötenstimmen
Rufen alle goldnen Sterne:
»Weit muß manche Woge schwimmen,
Deine Lieb' ist in der Ferne.

Jenes Bild vor dem du knietest,
Dich ihm ganz zu eigen gabst,
Ihm mit allen Sinnen glühtest,
An dem Schatten dich erlabst. –

Was dein Geist als Zukunft dachte,
Dein Entzücken Kunst genannt,
Was als Morgenroth dir lachte,
Oft sich wieder abgewandt:

Sie nur ist es! Dein Verzagen
Hat sie fort von dir gescheucht,
Willst du es nur männlich wagen,
Wird das Ziel noch einst erreicht.

Alle Ketten sind gesprungen,
Und befreit ist dann dein Geist.
Jeder Knechtschaft kühn entschwungen
Fühlst du dich nicht mehr verwaist.

Rückwärts flieht das zage Bangen,
Und die Muse reicht die Hand,
Führet sicher das Verlangen
In der Götter Himmelsland.«

Ja, wer darf mit Kunst und Liebe
Von den Sterblichen sich messen?
In dem schönvermählten Triebe
Wird der Himmel selbst besessen!

Der Seufzer

Wer kennt der Sehnenden,
Thränenden
Freud'vollen Schmerz?
Ein bangender Scherz
Spielt Freiheit ringend,
In Seufzern klingend
Durch's bebende Herz.
Ich kann mich nicht fassen,
Mich dünket verlassen,
Verstoßen zu seyn;
Nur Lieb' hat empfunden
Wie innig verbunden
Die Wonnen und Wunden
Im sel'gen Verein.

Schifferlied der Wasserfee

Auf Wogen
Gezogen,
Von Klängen
Gesängen
Durch Strahlen gelenkt:
Die Wellen,
Die hellen
Gewölke, von Morgenröthe getränkt;
Die Töne,
Die Schwäne,
Die säuselnden Lüfte,
Die blumigen Düfte,
Sich alles zum Grusse entgegen mir drängt.

Ohn Sorgen
Nur weiter,
Wie heiter
Der Morgen!
Fließ Bächlein,
Fahr Schifflein
Ohn Sorgen
Nur weiter,
Begegnet doch alles wie Schicksal verhängt.

Nacht

Im Windsgeräusch, in stiller Nacht
Geht dort ein Wandersmann,
Er seufzt und weint und schleicht so sacht,
Und ruft die Sterne an:
Mein Busen pocht, mein Herz ist schwer,
In stiller Einsamkeit,
Mir unbekannt, wohin, woher,
Durchwandl' ich Freud' und Leid;
Ihr kleinen goldnen Sterne,
Ihr bleibt mir ewig ferne,
Ferne, ferne,
Und ach! ich vertraut' euch so gerne.

Da klingt es plötzlich um ihn her,
Und heller wird die Nacht.
Schon fühlt er nicht sein Herz so schwer;
Er dünkt sich neu erwacht:
O Mensch, du bist uns fern und nah,
Doch einsam bist du nicht,
Vertrau' uns nur, dein Auge sah
Oft unser stilles Licht:
Wir kleinen goldnen Sterne
Sind dir nicht ewig ferne;
Gerne, gerne,
Gedenken ja deiner die Sterne.

Nacht

Süße Ahndungsschauer gleiten
Ueber Fluß und Flur dahin,
Mondesstrahlen hold bereiten
Lager liebetrunknem Sinn.
Ach, wie ziehn, wie flüstern die Wogen,
Spiegelt in Wellen der Himmelsbogen.

Liebe, dort im Firmamente,
Unter uns in blanker Fluth,
Zündet Sternglanz, keiner brennte,
Gäbe Liebe nicht den Muth:
Uns, von Himmelsothem gefächelt,
Himmel und Wasser und Erde lächelt.

Mondschein liegt auf allen Blumen,
Alle Palmen schlummern schon,
In der Waldung Heiligthumen
Wallet, klingt der Liebe Ton:
Schlafend verkündigen alle Töne,
Palmen und Blumen der Liebe Schöne.

Zeit

So wandelt sie, im ewig gleichen Kreise
Die Zeit nach ihrer alten Weise,
Auf ihrem Wege taub und blind,
Das unbefangne Menschenkind
Erwartet stets vom nächsten Augenblick
Ein unverhofftes seltsam neues Glück.
Die Sonne geht und kehret wieder,
Kommt Mond und sinkt die Nacht hernieder,
Die Stunden die Wochen abwärts leiten,
Die Wochen bringen die Jahreszeiten.
Von aussen nichts sich je erneut,
In Dir trägst du die wechselnde Zeit,
In Dir nur Glück und Begebenheit.

Die Töne

Siehst du nicht in Tönen Funken glimmen?
Ja, es sind die süßen Engelstimmen;
In Form, Gestalt, wohin dein Auge sah,
In Farbenglanz ist dir der Ew'ge nah,
Doch wie ein Räthsel steht er vor dir da.
Er ist so nah' und wieder weit zurück,
Du siehst und fühlst, dann flieht er deinem Blick,
Dem körperschweren Blick kann's nicht gelingen
Sich an den Unsichtbaren hinzudringen;
Entfernter noch, um mehr gesucht zu sein,
Verbarg er in die Töne sich hinein;
Doch freut es ihn, sich freyer dort zu regen,
Die Liebe heller kömmt dir dort entgegen. –
Das war ich ehmals, ach! ich fühl' es tief,
Eh' noch mein Geist in diesem Körper schlief. –

Zweifel

Sind es Schmerzen, sind es Freuden,
Die durch meinen Busen ziehn?
Alle alten Wünsche scheiden,
Tausend neue Blumen bluhn.

Durch die Dämmerung der Thränen
Seh ich ferne Sonnen stehn, –
Welches Schmachten! welches Sehnen!
Wag' ich's! soll ich näher gehn?

Ach! und fällt die Thräne nieder
Ist es dunkel um mich her,
Dennoch kömmt kein Wunsch mir wieder,
Zukunft ist von Hoffnung leer.

So schlage denn, sterbendes Herz,
So fließet denn, Thränen, herab,
Ach Lust ist nur tieferer Schmerz,
Leben ist dunkeles Grab. –
  Ohne Verschulden
  Soll ich erdulden?
Wie ist's, daß mir im Traum
  Alle Gedanken
  Auf und nieder schwanken!
Ich kenne mich noch kaum.

O hört mich ihr gütigen Sterne,
O höre mich, grünende Flur,
Du, Liebe, den heiligen Schwur:
Bleib ich ihr ferne,
Sterb ich gerne.
Ach! nur im Licht von ihrem Blick
Wohnt Leben und Hoffnung und Glück.

Erkennen

Keiner, der nicht schon zum Weihe-Fest gelassen,
Kann den Sinn der dunkeln Kunst erfassen,
Keinem sprechen diese Geistertöne,
Keiner sieht den Glanz der schönsten Schöne,
Dem im innern Herzen nicht das Siegel brennt,
Welches ihn als Eingeweihten nennt,
Jene Flamme, die der Töne Geist erkennt.

Liebe

Weht ein Ton vom Feld herüber
Grüßt mich immerdar ein Freund,
Spricht zu mir: was weinst du Lieber?
Sieh, wie Sonne Liebe scheint:
Herz am Herzen stets vereint
Gehn die bösen Stunden über.
Liebe denkt in süßen Tönen,
Denn Gedanken stehn zu fern,
Nur in Tönen mag sie gern
Alles was sie will verschönen.
Drum ist ewig uns zugegen
Wenn Musik mit Klängen spricht
Ihr die Sprache nicht gebricht
Holde Lieb' auf allen Wegen,
Liebe kann sich nicht bewegen
Leihet sie den Othem nicht.

Gruß und Gegengruß

Wie sich nach Norden der Magnet bewegt
So wird mein Herz zu dir gezogen,
Getreu es dir, nur dir entgegenschlägt,
Wie sich der Pol nicht rückt am Himmelsbogen;
Ihr Lüfte, o ihr bringt mir süße Kunde,
Du sanfter Hauch, der meine Wange grüßt,
Mir ist, ich fühl' den Athem, der dem Munde
Dem süßen Glanz der Lippen sanft entfließt.
O könnt ihr ihre Gegenwart vermeiden
Und durch die Blumen, durch Gesträuche ziehn?
Bethört, miskennt ihr ach! die höchsten Freuden,
An ihren rothen Wangen zu erglühn,
Die schöner als das Purpurblut der Rosen,
Und holder als der Lilien weiße Pracht;
Die Augen, die ihr sonst mit sanftem Kosen
Umweht und die euch dankbar angelacht. –
Ihr seid, weil es gebot ihr Silberton,
Dem Aufenthalt der Seeligkeit entflohn,
Ihr habt die weite Reise machen müssen,
Um mich Verirrten schön von ihr zu grüßen:
Du Abendroth fließ golden zu ihr nieder,
Bring ihr den Dank des treusten Herzens wieder.

Trost

Wenn die Ankerstricke brechen,
Denen du zu sehr vertraust,
Oft dein Glück so sicher schaust,
Zornig nun die Wogen sprechen, –
O so laß das Schiff den Wogen,
Mast und Segel untergehn,
Laß die Winde zornig wehn,
Bleibe dir nur selbst gewogen,
Von den Tönen fortgezogen,
Wirst du schön're Lande sehn:
Sprache hat dich nur betrogen,
Der Gedanke dich belogen,
Bleibe hier am Ufer stehn. –

Ermunterung

Keinen hat es noch gereut
Der das Roß bestiegen,
Um in frischer Jugendzeit
Durch die Welt zu fliegen.

Berge und Auen,
Einsamer Wald,
Mädchen und Frauen
Prächtig im Kleide,
Golden Geschmeide,
Alles erfreut ihn mit schöner Gestalt.

Wunderlich fliehen
Gestalten dahin,
Schwärmerisch glühen
Wünsche im jugendlich trunkenen Sinn.

Ruhm streut ihm Rosen
Schnell in die Bahn,
Lieben und Kosen,
Lorbeer und Rosen
Führen ihn höher und höher hinan.
Rund um ihn Freuden,
Feinde beneiden, erliegend, den Held, –
Dann wählt er bescheiden
Das Fräulein das ihm nur vor allen gefällt.

Und Berge und Felder
Und einsame Wälder
Mißt er zurück.
Die Eltern in Thränen,
Ach alle ihr Sehnen, –
Sie alle vereinigt das lieblichste Glück.

Sind Jahre verschwunden,
Erzählt er dem Sohn
In traulichen Stunden,
Und zeigt seine Wunden,
Der Tapferkeit Lohn.
So bleibt das Alter selbst noch jung,
Ein Lichtstrahl in der Dammerung.

Hoffnung

Liebe kam aus fernen Landen
Und kein Wesen folgte ihr,
Und die Göttin winkte mir,
Schlang mich ein mit süssen Banden.

Da begonn ich Schmerz zu fühlen,
Thränen dämmerten den Blick:
Ach! was ist der Liebe Glück,
Klagt' ich, wozu dieses Spielen?

Keinen hab' ich weit gefunden,
Sagte lieblich die Gestalt,
Fühle du nun die Gewalt,
Die die Herzen sonst gebunden.

Alle meine Wünsche flogen
In er Lüfte blauen Raum,
Ruhm schien mir ein Morgentraum,
Nur ein Klang der Meereswogen.

Ach! wer lößt nun meine Ketten?
Denn gefesselt ist der Arm,
Mich umfleugt der Sorgen Schwarm;
Keiner, keiner will mich retten?

Darf ich in den Spiegel schauen,
Den die Hoffnung vor mir hält?
Ach! wie trügend ist die Welt!
Nein, ich kann ihr nicht vertrauen.

O und dennoch laß nicht wanken
Was dir nur noch Stärke giebt,
Wenn die Einzge dich nicht liebt,
Bleibt nur bittrer Tod dem Kranken.

Verzweifelung

So tönet dann, schäumende Wellen,
Und windet euch rund um mich her!
Mag Unglück doch laut um mich bellen,
Erbost seyn das grausame Meer!

Ich lache den stürmenden Wettern,
Verachte den Zorngrimm der Fluth;
O mögen mich Felsen zerschmettern!
Denn nimmer wird es gut.

Nicht klag ich, und mag ich nun scheitern,
In wäßrigen Tiefen vergehn!
Mein Blick wird sich nie mehr erheitern,
Den Stern meiner Liebe zu sehn.

So wälzt euch bergab mit Gewittern,
Und raset, ihr Stürme, mich an,
Daß Felsen an Felsen zersplittern!
Ich bin ein verlorener Mann.

Trennung

Muß es eine Trennung geben,
Die das treue Herz zerbricht?
Nein, dies nenne ich nicht leben,
Sterben ist so bitter nicht.

Hör' ich eines Schäfers Flöte,
Härme ich mich inniglich,
Seh ich in die Abendröthe,
Denk ich brünstiglich an dich.

Giebt es denn kein wahres Lieben?
Muß denn Schmerz und Trauer seyn?
Wär ich ungeliebt geblieben,
Hätt' ich doch noch Hoffnungsschein.

Aber so muß ich nun klagen:
Wo ist Hoffnung, als das Grab?
Fern muß ich mein Elend tragen,
Heimlich stirbt das Herz mir ab.

Trauer

Wie schnell verschwindet
So Licht als Glanz,
Der Morgen findet
Verwelkt den Kranz,

Der gestern glühte
In aller Pracht,
Denn er verblühte
In dunkler Nacht.

Es schwimmt die Welle
Des Lebens hin,
Und färbt sich helle,
Hat's nicht Gewinn;

Die Sonne neiget
Die Röthe flieht,
Der Schatten steiget
Und Dunkel zieht:

So schwimmt die Liebe
Zu Wüsten ab,
Ach! daß sie bliebe
Bis an das Grab!

Doch wir erwachen
Zu tiefer Qual;
Es bricht der Nachen,
Es löscht der Strahl,

Vom schönen Lande
Weit weggebracht
Zum öden Strande,
Wo um uns Nacht.

Leben

Wie vieles Leben ist verhülltes Sterben!
Wie mancher wird im Sterben erst erwachen!
Wie wen'ge nur die Gluth zur Flamme fachen!
Wie Seltne Lebensmuth mit Leben erben!

Sie dünken sich zu seyn, entfliehn dem herben
Gefühl des Seyns und in verworfnen Sachen
Soll ihnen Himmels-Glanz entgegen lachen,
Auf die Verwesung geht ihr eifernd Werben.

Nur taumelnd, unbewußt schreiten sie weiter,
Krank, tiefbetrübt in buntgemengten Horden,
Nicht sterbend, lebend nicht, ohn' Leid und Wonnen.

Schau ich zur Sternen-Nacht so frag' ich heiter:
Durch welch Verdienst ist dir die Gnade worden,
Daß dich die Freud' anlacht aus diesen Sonnen?

Bitte

Laß mich los, um Gotteswillen
Gieb mich armen Sklaven frei,
Laß die Augen dir verhüllen,
Daß ihr Glanz nicht tödlich sei.

Mußt du mich in Ketten schleifen
Stärker als von Demantstein?
Muß das Schicksal mich ergreifen,
Ich ihr Kriegsgefangner sein? –

Muth

Aus Wolken kommt die frohe Stunde,
O Mensch gesunde,
Laß Leiden fliehn und Bangigkeit
Wenn Liebchens Kuß dein Herz erfreut.

In Küssen webt ein Zaubersegen,
Drum sei verwegen,
Was fürchten, wenn gleich Donner rollt,
Wenn nur der rothe Mund nicht schmollt.

Klage

Rauscht und weint ihr Wasserquellen
In der stillen Einsamkeit,
Die Erlösung ist noch weit,
Meine Thränen mehren eure Wellen.

Ach! wann wirst du, Trauer enden,
Von mir nehmen meine Schmach?
Immer ist die Strafe wach,
Keiner kann das bös Verhängniß wenden.

Wonne der Einsamkeit

O holde Einsamkeit,
O süßer Waldschatten,
Ihr grüne Wiesen, stille Matten,
Bei euch nur wohnt die Herzensfreudigkeit.

Ihr kleinen Vögelein
Sollt immer meine Gespielen seyn,
Ziehende Schmetterlinge,
Sind meiner Freundschaft nicht zu geringe.

Unbefangen
Zieht ihr des Himmels blaue Luft,
Der Blumen Duft
In euch mit sehnendem Verlangen.
Ihr baut euch euer kleines Haus,
Haucht in den Zweigen Gesänge aus
Von Himmels-Ruhe rings umfangen.

Weit! weit!
Liegst du Welt hinab,
Ein fernes Grab.
O holde Einsamkeit!
O süße Herzensfreudigkeit!

Kommt ihr Beengten
Herzbedrängten,
Entfliehet, entreißt euch der Quaal,
Es beut die gute Natur,
Der freundliche Himmel,
Den hohen gewölbten Saal,
Mit Wolken gedeckt, die grüne Flur:
Entflieht dem Getümmel!

O holde Einsamkeit!
O süße Freudigkeit!

Tod

Wechselnd gehn des Baches Wogen
Und er fließet immer zu,
Ohne Rast und ohne Ruh,
Fühlt er sich hinabgezogen,
Seinem dunkeln Abgrund zu.

Also auch des Menschen Leben,
Liebe, Tanz und Saft der Reben
Sind die Wellenmelodie,
Sie verstummt spat oder früh.

Ewig gehn die Sterne unter,
Ewig geht die Sonne auf,
Taucht sich roth in's Meer hinunter,
Roth beginnt ihr Tages-Lauf.

Nicht also des Menschen Leben,
Seine Freuden bleiben aus,
Denn dem Tode übergeben
Bleibt er dort im dunkeln Haus. –

Treue

Alle Wünsche, alle Träume
Waren herrlich nun gestillt,
Das Verlangen war erfüllt,
Fröhlich rauschten grüne Bäume.
Aus geh ich die Spur zu finden
Alles sagt mir von dem Glücke,
Jene Zeit kömmt mir zurücke;
Mußte sie so schnell entschwinden?
Ach wie war die Stunde süße,
Als sich unsre Blick' erkannten,
Unsre Herzen schnell entbrannten,
Sich begegneten die Küsse.
Jeder Frühling sagt mir wieder,
Wie ich seelig einst gewesen,
Darum kann ich nicht genesen,
Und die Sorge wirft mich nieder.
Kommt der Herbst, bin ich vermessen,
Kommt der Winter seh ich glänzen
Manche Schönheit bei den Tänzen,
Und die Einz'ge wird vergessen.
Aber wann die Blumen sprießen,
Wann die Nachtigallen singen,
Muß sie wieder mich bezwingen,
Ich den schnöden Frevel büßen.
Fließet, fließet treue Thränen,
Herz vergeh im tiefen Schmachten,
Mögt ihr Augen euch umnachten,
Leben, löse dich in Sehnen.

Abschied

Was ist das Leben? Kommen nur und Schwinden,
Ein Wechsel nur von Nacht und Tageshelle,
Verlust und Schmerz, Sehnsucht und Wiederfinden,
So schwebt durch Traum und Wachen hin die Welle, –
Drum lächelt hoffend in der Trennung Wehen,
Durch Abschiedsthränen schon das Wiedersehen.

Im Donatus-Verlag sind
folgende Gedichtbände erschienen:

Max Mautzschke

Dresdner Lyrik

Poetischer Reiseführer

durch die schönste Stadt an der Elbe

DONATUS

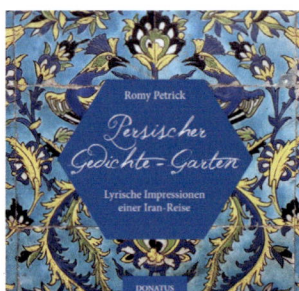